LES ÉTUDES VÉDIQUES

ET ÉRANIENNES

1

Du même auteur :

Projet d'Enquête sur les Patois français, 1868, 1 fr.

Agni, petit-fils des Eaux dans le Véda et l'Avesta, 1869, 1 fr.

Pour paraître prochainement :

Leçons sur la Mythologie comparative, faites à la salle Gerson (annexe de la Sorbonne) durant l'année scolaire 1869-70, tome I. *Mythes et Divinités de la Foudre, de la Tempête, de la Pluie et des Nuées.*

GIRARD DE RIALLE

LES
ÉTUDES VÉDIQUES
ET ÉRANIENNES
DANS L'HISTOIRE

Discours d'ouverture du Cours de Sanskrit védique et de Zend fait à la Salle Gerson, pendant l'année scolaire 1869-70.

PARIS

MAISONNEUVE ET Cᵉ, LIBRAIRES-EDITEURS

15, QUAI VOLTAIRE

1870

I

Dans les circonstances actuelles, à un moment où des préocupations de tous genres, mais pour la plupart tournées vers le côté pratique de la vie, se sont emparées des esprits, il semblerait que venir vous parler du Véda et de l'Avesta n'est pas tout-à-fait de saison. Pour ma part, je ne crois pas qu'il en soit ainsi. Notre époque si troublée a besoin de quelque chose qui la rassure; les esprits inquiets, sans doctrine organique pour les guider, aspirent après une discipline qui concilie à la fois l'ordre et le progrès. Cette discipline, c'est la science qui la fournira, la science de l'homme, la science des sociétés.

Ce que nous sommes, nous le devons à ces

générations éteintes, qui vivent encore dans notre étude et dans notre respect, depuis nos pères jusqu'à ces ancêtres inconnus qui luttaient contre la nature sauvage dans les montagnes et dans les forêts. Chaque action, chaque pensée de nos prédécesseurs a porté son fruit; et tous ces fruits, nous les possédons rassemblés dans notre cerveau. Certes, bien des folies, bien des fautes ont été faites, l'homme s'est égaré souvent dans sa marche, mais cette marche n'a pas cessé d'être progressive, ces folies, ces fautes ont eu des résultats favorables, ont ouvert de nouveaux horizons; l'homme se trompait, mais pas complétement, si bien qu'à présent, je ne crains pas de le dire bien haut, la science d'aujourd'hui est faite des erreurs du passé.

Nos ancêtres ont lutté, ont peiné, ont travaillé pour nous; nous bénéficions de leurs souffrances et de leurs labeurs; ne soyons pas ingrats, occupons nous d'eux et de ce qu'ils ont fait. Et dans les livres antiques étudions quelques étapes de cette humanité qui ne cesse de croître à travers les siècles.

II

Ce double cours, vous le savez, a deux objets, l'étude des textes védiques et l'étude des textes zoroastriens, c'est-à-dire l'étude des deux plus antiques civilisations aryennes de l'Asie, au moyen de leurs littératures.

Des deux livres que nous interprêtrons, du Rig-Véda et de l'Avesta, c'est sans contredit le Rig-Véda qui contient les morceaux les plus anciens.

Je n'ai pas à discuter ici l'âge des hymnes védiques. Compilés à une époque inconnue, mais certainement de beaucoup postérieure à leur composition, ils auraient été révélés, selon les Brahmanes, aux hommes par les dieux, à une époque fabuleusement reculée. D'autre part, les Européens ont fait remonter la fin de l'époque védique à une date trop récente,—1300 ans avant notre ère.—Soumis à des idées préconçues sur le peu d'ancienneté des civilisations et même des races humaines, les savants qui se sont occupés de la chronologie Hindoue ont donné cette date par trop classique. Aujourd'hui la géologie et l'anthropologie font remonter l'apparition de l'homme sur la terre à des époques incommensurables, et cela sans conteste posssible. L'histoire des sociétés nous montre la lenteur du progrès et des évolutions humaines. Il est donc permis de faire remonter le Rig-Véda, monument d'une civilisation si primitive, si archaïque, à une époque plus lointaine dans le temps que l'époque fixée par Colebrooke. Ce dernier a même été accusé par un chronologiste français, M. Rodier, de s'être trompé de collure dans ses calculs astronomiques. Mais c'est là affaire d'astronome et non la mienne. Il n'en résulte pas moins que si nous ignorons l'âge du Rig-Véda, cet âge est certainement des plus reculés. L'évolution qui a transformé la religion du Véda en culte brahmanique a demandé nécessairement assez de siècles pour faire remonter la composition des hymnes du Rig bien au-delà du XIVe siécle avant J.-C.

C'est précisément cette évolution qui donne au

Véda un de ses caractères historiques les plus précieux. Le XVIIIe siècle ne connaissait que l'Inde brahmanique, et à son déclin encore; on savait bien alors l'existence de livres sacrés le *Védam* et l'*Ur-Védam*, écrits dans une langue morte, et connue seulement de la caste sacerdotale. Cette langue, le Sanskrit, fut étudiée, et vous savez que c'est à l'étude de cet idiôme que nous devons la fondation de la linguistique Indo-Européenne.

La lecture du Rig-Véda eut pour l'histoire intellectuelle de notre race la même importance que l'étude du Sanskrit pour la philologie comparée.

Les hymnes du Rig-Véda nous mettent en présence d'un état social, d'un développement intellectuel tout différent de la civilisation hindoue, telle qu'elle est présentée dans les lois de Manou et dans les deux grands poëmes épiques, qui furent les monuments littéraires étudiés les premiers par les Européens.

Or, les Brahmanes, malgré les profondes différences qui séparent leurs doctrines des idées contenues dans le Véda, s'accordent à prétendre leur religion issue des conceptions des *Richis* — les poëtes védiques; — en effet, si le Brahmanisme n'est pas du tout le Védisme, on peut, en une foule de cas, suivre la transition entre les deux périodes morales, et connaître ainsi le progrès, comme dit Hegel, des Aryas de l'Inde, depuis leur arrivée dans la vallée supérieure de l'Indus, jusqu'à leur établissement définitif dans le bassin gangétique.

Ce n'est pas l'occasion de faire ici un tableau comparatif complet du Brahmanisme et du Védisme. Il vaut mieux lire sur ce sujet les remarquables travaux de M. J. Muir, dont j'aime à citer ici le nom en premier, par reconnaissance du profit que j'ai tiré de la lecture des « Sanscrits Teats » et des autres mémoires de la Société asiatique de Londres. Vous y trouverez tous les détails, tous les développements les plus curieux; mais quelques traits principaux, quelques caractères distinctifs suffiront.

Je n'ai pas à vous apprendre que la base de la société brahmanique est le régime des castes: castes des prêtres, castes des guerriers, castes des ouvriers, et plus tard entre ces deux dernières vint s'intercaler la caste des marchands. Ces divisions sociales, naturelles à l'homme, quand il constitue une société considérable, puisque nous les retrouvons en Egypte, en Amérique et même dans les îles Océaniennes, ces divisions sociales se retrouvent dans d'autres branches de notre race, dans l'Eran, en Gaule, en Skandinavie; mais ce qui ne se retrouve nulle part chez les peuples Indo-

Européens, c'est le caractère immuable qu'a la caste dans l'Inde brahmanique. Là le degré supérieur est inaccessible à celui qui est né au degré inférieur; le fils suit forcément la même voie que le père. Y eut-il cependant des compromis entre les deux castes supérieures? Cela n'est pas impossible. La légende de *Viçvamitra*, né *Kṣatriya* et atteignant par ses mortifications, sa science, sa sagesse, le rang de brahmane, semble une preuve de ces compromis. Mais le personnage de Viçvamitra est tout-à fait légendaire, c'est un richi védique, il ne faut donc pas trop affirmer la réalité du fait. Ce qui est certain, c'est l'horreur qu'ont les Brahmanes et les *Kṣatriyas* pour la caste des vaincus, des *Çudras*, comme ils les appellent. Ceux là, rien au monde ne peut les élever à de plus hautes destinées. Nés travailleurs, ils mourront travailleurs, Un lien indestructible les attache à la terre qu'ils cultivent, au métier qu'ils exercent, et le fils ne peut espérer dépasser le père dans l'ordre social. L'ancêtre était maçon; les enfants, les petits-enfants et leurs descendants bâtiront des maisons de génération en génération. Or, cet état de chose n'est pas mentionné dans le Rig-Véda. Un seul hymne, l'hymne à *Puruṣa*, fait mention des castes; mais c'est l'avis de tous les interprètes du Véda que les passages où il est question des castes, sinon l'hymne entier, sont dûs à une interpolation. Au contraire un passage d'un hymne à *Sôma*, — attribué à *Ciçu l'Angiraside*, — témoigne de la multiplicité des métiers dans la famille védique. Le voici avec ses expressions toute familières.

« Je suis ouvrier, mon père est médecin, ma mère est meunière ; nos fonctions sont diverses et nous désirons le gain comme les vaches désirent de l'orge. O *Indu*, coule pour Indra ! »

Et comment aurait-on pu élever d'insurmontables barrières entre les familles dans la société patriarcale de l'Inde védique? Comment immobiliser les générations dans un métier éternel, dans ces tribus de même langue, de même culte, de même origine, descendues ensemble du grand plateau central de l'Asie, chez ces hommes énergiques, passionnés et poussés par un ressort invincible à la conquête de la péninsule Indienne ? Comment parquer dans une caste immuable, le fier Arya, à la fois prêtre, guerrier, pasteur, ouvrier? Le chef de la famille, du *Chlan*, cette antique organisation de notre race, invoquait les dieux, prenait les armes pour défendre les siens ou les mener au combat, et disons le, au butin contre les Autochtones des bords de l'Indus, contre les *Mleććhas*; et en même temps il gardait lui-même ses vastes troupeaux de bœufs, comme enfant il avait gardé les chèvres, et si le chariot qui portait les femmes venait à se briser, si la tribu trouvait un lieu de halte propice à un séjour prolongé, ou à un établissement définitif, le patriarche n'hésitait pas à prendre la hache en main et à réparer le chariot, ou à élever la demeure.

Il fallut le contact perpétuel d'une minorité Aryenne, avec une majorité d'indigènes vaincus, pour donner naissance à l'esprit de caste, toujours lié à la guerre et à la conquête. Dans les autres branches de la race Indo-Européenne, cette organisation ne put réussir. Dans l'Eran, il y eut trois classes : les prêtres, les guerriers et les laboureurs; plus tard, sous les Sassanides, il s'en forma une nouvelle : celle des commerçants, mais jamais ces classes ne furent transformées, comme dans l'Inde, en castes immuables. La Grèce ne connut rien de cette forme sociale. L'Italie eut ses patriciens et ses plébéiens, dont la séparation politique ne dura pas longtemps. Nous retrouvons les trois classes sacerdotales, guerrières et ouvrières dans la Gaule et dans la Skandinavie ; mais là non plus elles n'eurent aucun caractère d'immobilité. La division d'une société en classes est une division naturelle, spontanée, produite par la diversité des fonctions et par la diversité des forces propres aux individus. C'est là un fait positif, et ce niveau impitoyable, rêvé par certains esprits malades, qui passerait sur les intelligences et les énergies, n'est qu'une monstrueuse utopie, aussi dure, aussi cruelle que l'immuabilité de la caste Indienne.

Les fanatiques du passé, les amants de la stagnation admirent cette délimitation rigoureuse conçue par les Brahmanes. C'est pour eux un beau spectacle qu'une société marchant comme une machine, soumise à la fatalité inexorable de la naissance. Certes, dans les temps anciens, quand les plus intelligents avaient tout à redouter des barbares. sous ces climats énervants de l'Asie méridionale, cette forme sociale a pu avoir sa raison d'être. L'homme encore faible devant la nature acceptait sa destinée, heureux peut-être d'échapper ainsi à bien des périls et à bien des peines. Mais aujourd'hui, dans notre Europe si vaillante, les castes immuables sont impossibles ; depuis bientôt cent ans elles sont ridicules; nous avons vaincu la nature par notre science, nous avons vaincu la fatalité par notre intelligence et notre énergie. Les castes fondées par la guerre brutale et l'odieuse conquête sont désormais abolies et à l'aristocratie fatale de la naissance a succédé à jamais la libre aristocratie du mérite.

Mais revenons à l'Inde védique, si différeute de l'Inde brahmanique. Cette dernière, au sommet d'un Panthéon aussi nombreux que l'a fait l'imagination populaire des mille peuplades de l'Inde, place une trinité divine inconnue au Rig-Véda. Cette célèbre *Trimurti* se compose, vous le savez de reste, de *Brahma*, *Viṣṇu* et de *Çiva*. De ces trois dieux, un seul a sa place dans l'Olympe védique, c'est *Viṣṇu*, et encore est-ce une divinité secondaire. *Çiva* est sans contredit le dieu des *Çudras*, des vaincus, que les brahmanes ont placé a côté des dieux Aryas pour mieux opérer la soumission des autochtones. Je sais qu'on l'a identifié justement avec un dieu védique, de la tempête, *Rudra*, que nous étudierons dans la suite de ce cours. Mais n'est-ce pas là une fraude pieuse pour donner à la divinité des indigènes un caractère aryaque et sauvegarder de la sorte l'amour-propre de la race dominante et victorieuse? Quant à *Brahma*, c'est véritablement le dieu propre à la classe sacerdotale et dirigeante. Entité métaphysique créée par les penseurs de l'Inde, elle se rattache, je pourrais le démontrer, à tout le mouvement védique et même aryaque. Mais cette hauteur de conception a perdu la conception elle-même; si les Brahmanes, ou plutôt les plus avancés d'entre eux, sont arrivés un jour à quitter le terrain théologique pour voguer à pleines voiles à travers la métaphysique, ils n'ont pu entraîner sur leurs traces le reste des Hindous. Ceux-là sont restés sur le rivage, attachés, non par leur grandeur, mais par leur infériorité intellectuelle ; les basses classes n'ont pas quitté les marais du fétichisme ou d'un polythéisme grossier; les classes plus nobles s'en sont tenus à une religion héroïque telle que nous le montre le culte de *Viṣṇu* aux nombreux *Avatars*. *Brahma* n'a pas de culte, lui. Il y a bien une légende pour expliquer cette déchéance. Mais dans le fait, la conception de cette entité ne comportait pas de culte ; elle habita trop dans les régions sereines des spéculations philosophiques, pour s'établir dans un temple et s'y repaître de grossier encens et de sacrifices vulgaires.

Le spectacle d'une civilisation partant d'un beau monothéisme métaphysique pour retomber dans le polythéisme, d'une civilisation semblable à un aérostat qui s'élève d'un bond vers les abîmes éthéréens, mais qui redescend bientôt vers la terre, entraîné par sa pesante enveloppe qui ne contient plus le gaz vivifiant, ce spectacle ne se présente pas dans le Rig-Véda.

Au contraire, en l'étudiant avec soin, nous pouvons assister à l'incessant progrès de l'humanité dans sa phase théologique. On retrouve dans cet antique monument de la pensée de notre race, on retrouve les derniers vestiges du fétichisme primitif, l'animation, la divinisation des objets et des phénomènes de la nature. C'est *Agni* le feu, c'est *Sôma* la boisson excitante, c'est le nuage orageux et pluvieux *Parjanya*, c'est le vent *Vayû*, c'est la nuée noire et malfaisante *Saranyû*, c'est enfin le milieu, le ciel et la terre *Dyâvapṛthivyau*, que nous trouvons animés d'une vie propre, souvent sans avoir pris la forme humaine ou une forme autre que la leur.

Ensuite nous sommes en face d'un polythéisme, d'un Olympe complet. Nous assistons aux exploits d'*Indra*, le Ζεύς védique, contre les *Panis*, les démons, les Titans du bord de l'Indus. Nous sommes témoins des courses de *Saramâ*, la chienne d'Indra et des *Maruts*, ses compagnons. Nous apprenons que *Varuṇa*, du haut du ciel immense, scrute la conscience et suit les actes des hommes avec les yeux de ses espions, les étoiles. Nous admirons le rôle superbe de *Surya* qui éclaire les mondes qu'il parcourt sur son char étincelant. L'aurore, la jeune et divine *Uṣâ*, nous éblouit de sa beauté, en venant le matin trainée soit par des vaches fauves, soit par des chevaux lumineux. *Agni* se présente à nous comme un prêtre, comme un intermédiaire entre les mortels et les dieux ; puis il revêt le caractère de conducteur des morts, qui voguent dans les airs, mêlés aux vents, aux Maruts ; il se montre comme le créateur de l'humanité, comme incarné dans le premier homme. *Sôma*, comme le Δίονυσος hellénique, est devenu un beau jeune homme, puissant, énergique, entouré d'une armée joyeuse. Nous sommes là au milieu d'un polythéisme qui n'a rien de semblable au brahmanisme.

Les Richis vont encore plus loin. La pensée leur vient que toutes ces divinités ne sont réellement qu'un seul être suprême. *Gṛtsamada* nous apprend, que c'est Agni qui est tous les dieux. Puis la conception s'épure encore, et s'offrent à notre admiration, l'hymne à l'âme suprême, *Paramatman*, l'hymne au maître des créatures *Prajâpati*, l'hymne au créateur de toutes choses, *Viçvakarmun*.

Quel recueil plus attachant que celui où, dans l'évolution religieuse d'une fraction de notre race, on peut suivre tout le développement théologique de l'humanité !

Outre ce côté si important des études védiques, il en est un autre qui ne laisse pas d'avoir aussi son intérêt. Je veux parler des rapports qu'a la mythologie du Rig-Véda avec les mythologies Grecque, Romaine, Germanique et Slave. Ces rapports incontestables, prouvés par l'identité des mots, ont permis de reconstituer en partie la mythologie primitive de notre race, comme on en a reconstitué le langage. Mais, de même que la connaissance du sanskrit a été le point de départ de la philologie et de la grammaire comparées, de même l'étude du Rig-Véda a été la base de la mythologie comparative. Aujourd'hui, messieurs, nous commençons à connaître les principaux traits de la religion de nos ancêtres, avant qu'il se dispersassent à travers l' Asie et l'Europe. Aujourd'hui la mythologie est une science positive, comme la linguistique. Aujourd'hui, grâce à ces deux sciences, on est en possession de l'histoire intellectuelle de notre race, dans les époques antérieures à l'histoire écrite.

Si la mythologie a conquis une place importante dans les sciences historiques, c'est qu'elle a pu partir d'un point fixe et très-antique à la fois. Le point de départ c'est le Véda. Sans le Rig-Véda, pas de mythologie primitive. Les légendes de la Grèce et de la Germanie issues de la même source, mais de formes dissemblables, ne concordent plus dans le fond. Car le trait d'union manque, si l'on ne remonte pas à la foi de l'Asie primitive, dont les mythes védiques sont si proches. Sans le *Véda*, sans l'*Avesta* qui se complètent l'un l'autre, le véritable symbolisme des croyances de l'Hellade, de l'Italie et du Nord n'est plus perceptible. C'est de l'étude du Véda que date la connaissance positive de la mythologie Indo-Européenne. Aussi sait-on à présent, grâce aux travaux d'Adalbert Kuhn, le véritable fondateur de la mythologie comparée, que le culte du feu terrestre ou céleste, c'est-à-dire la foudre, fut l'origine de la religion des Aryas ; on peut suivre les transformations de ce culte, aussi bien dans l'Inde et dans l'Eran que dans l'Europe aryenne.

Et à quels documents doit-on ces importantes découvertes ? Au Rig-Véda, plus antique que tous les monuments religieux possibles de notre race et par conséquent plus rapproché de la foi première, aux hymnes des Richis qui révèlent le sens tout naturel des mythes obscurcis plus tard dans le développement théologique des Aryas. Oui, chaque légende, chaque mythe, si abstrait qu'il soit devenu dans la suite des siècles, fut dans le principe entièrement concret. Les luttes d'Indra contre les démons, et sa victoire bienfaisante ; la bataille de Jupiter avec les Titans et le foudroiement de ces derniers, les combats éternels du *Thor* skandinave, ou du *Donar* germanique, avec les géants, tout cela, c'est l'orage, c'est le déchirement des nuages menaçants, envahisseurs du ciel, par la foudre qui les déchire et semble les disperser en faisant couler la pluie féconde sur la terre. Les *Gandharvas*, musiciens célestes, cavaliers de la suite d'Indra, les Centaures, habiles archers, ce sont les nuées poussées par le vent à travers l'atmosphère, et d'où semblent sortir, tantôt les chants étranges de la tempête, tantôt ses sifflements pareils à ceux de la flèche. *Rudra* parcourant les airs avec ses enfants, les terribles *Maruts*, lançant ses flèches, et guérissant les maux, Apollon à l'arc d'argent, vainqueur des monstres, père de la musique et de la médecine, *Odhinn* chevauchant à la tête des dieux à travers le monde, et devenant au moyen âge ce chasseur noir qui mène sa troupe hurlante, la nuit, dans les récits des veillées Allemandes et Françaises, c'est la tempête, accompagnée des vents qui tantôt tuent et blessent, comme les traits ennemis, et tantôt chassent les miasmes délétères, qui hurlent et qui dissipent les nuées redoutables. Le fils de *Saramâ*, la chienne d'Indra, précédant le dieu de l'orage dans sa recherche des mauvais esprits, *Sarameya*, chien lui-même qui peut prendre mille formes, Hermès si adroit, messager de Zeus, conducteur des âmes, c'est le vent qui prêcède l'orage, c'est le souffle qui emporte les âmes des morts, autres souffles qu'on entend dans les gémissements de la brise. Je ne peux pas m'étendre sur ces exemples qui trouveront leurs développements dans les leçons suivantes. Je préfère vous faire entendre un des maîtres de la science historique, de l'érudition française, M. Alfred Maury : « Les Védas sont donc une source abondante et féconde d'études pour celui qui scrute les origines des religions des peuples indo-européens; ils lui montrent le type du symbole dégagé des ornements, des images, de toutes les adjonctions en un mot qui en altérèrent ou en dénaturèrent la forme première. Ils nous ramènent à la racine des croyances que l'érudition n'avait lougtemps considérées que dans leurs manifestations secondaires ou finales. » Ce que j'ai cité suffit, je pense, pour vous démontrer une fois de plus l'intérêt des études védiques, qui de la sorte ne se bornent pas à l'Inde et à son histoire, mais s'étendent à la civilisation occidentale dont nous sommes les fils. Et l'étude du Véda n'est pas un champ épuisé; le plus grand nombre de ses parties sont encore en friche; des traductions complètes ont été publiées, c'est vrai, en français par Langlois, en anglais par Wilson; malgré le mérite des œuvres de ces deux savants indianistes, ces traductions laissent encore bien de la prise à la discussion ; la traduction latine du 1er Mandala, par Rosen, la traduction allemande du même Mandala, par Benfey, sont d'excellentes interprétations, mais il y á encore à revenir à l'ouvrage après eux.

Ne croyez pas que ces paroles soient une critique. Jamais il ne me viendra à la pensée, à moi qui commence à peine à connaître un peu le Véda, de chercher à diminuer la valeur de maîtres tels que ceux que j'ai nommés ; ce que je viens d'énoncer, c'est l'opinion de M. Max Müller, dans la préface du premier volume d'une interprétation d'hymnes choisis du Rig. Je puis différer de méthode et d'opinion, en mythologie comparée, avec M. Max Müller ; je puis être, et je saisis l'occasion de le proclamer, de l'école de Kuhn, mais j'ai le droit, en matière d'indianisme, de m'autoriser de l'opinion d'uu homme qui sait aussi bien le Sanskrit que le sait le professeur d'Oxford. « Beaucoup a été accompli par les efforts des travailleurs Européens, mais beaucoup plus reste à faire, » dit-il. Et je ne crains pas d'ajouter qu'il y a encore dans le *Rig-Véda* du travail pour plusieurs générations de savants.

On l'a vu tout à l'heure, ce ne sera pas un travail inutile à notre société actuelle. La vérification des lois positives du progrès importe considérablement à la science sociale ; et la société occidentale est désormais entrée dans la voie scientifique; car, il faut le dire, le progrès se fait plus par l'accroissement des connaissances que par le perfectionnement matériel ; ce dernier est entièrement subordonné au premier. Ces engins admirables qui remplacent et qui surpassent le travail manuel si pénible, ces chemins de fer qui sillonnent l'Europe, traversent les fleuves, percent les montagnes, ces télégraphes électriques que n'arrêtent plus les flots de l'Océan, cette étonnante civilisation a son principe dans l'observation et dans la réflexion de l'homme. Le développement matériel ne peut naître que du développement intellectuel. Quand l'homme primitif remarqua que par le frottement il pouvait produire le feu, quand il eut le pouvoir de se chauffer à ses heures, de faire cuire ses aliments pour les rendre plus sains et plus agréables, ce fut le résultat d'une observation et d'une déduction, ce fut un acte de son intelligence qui dota l'humanité de son premier trésor industriel. L'homme en possession du feu ne s'est pas arrêté en route et est arrivé à se servir de la vapeur et de l'électricité. Aussi cette découverte, je l'ai dit, amena la constitution de la foi primitive de notre race. L'Arya attribua au feu le pouvoir générateur et commença de la sorte une philosophie. Voilà un résultat des études védiques. Voilà comment, en étudiant cet antique monument littéraire de notre race, nous assistons à un acte du grand drame que joue l'humanité. Nous apprenons ainsi les efforts de nos ancêtres pour atteindre au vrai, et à la science, et nous ne pouvons pas rester froids devant ce spectacle. Car, ces recherches antiques, ces tâtonnements de la pensée de nos pères, nous les connaissons, nous jouons le même rôle sur un même théâtre; ces conquêtes morales, nous en profitons; nos travaux se joignent aux travaux des anciens. Et puisqu'ils nous ont légué le fruit de leurs peines, nous devons augmenter pour nos descendants le patrimoine scientifique que nous possédons. Nous devons nous rendre plus forts, plus sains de corps et d'esprit que nos ancêtres, pour développer le cerveau de nos descendants. Ce n'est pas une méthaphore : Le cerveau humain s'accroît de génération en génération.

III

Les études éraniennes ne le cèdent point en importance aux études védiques. Longtemps on s'en est tenu sur l'immense empire Perse aux renseignements classiques. Sans le contrôle des livres nationaux de l'Eran, on a commis de nombreuses erreurs sur des peuples qui ont occupé une si grande partie de l'Asie. Ce n'est point que les détails fournis par les Grecs ne soient d'une utilité incontestable. L'Avesta n'est en notre possession que par fragments ; les inscriptions perses des Achéménides ne sont pas très-nombreuses, et ces deux sources de documents ne sont pas abondantes en informations sur la vie quotidienne des anciens Eraniens. Au contraire, le côté pittoresque de la société Perse est celui qui a le plus frappé les Grecs, qui eurent le tort de considérer les peuples de l'Eran comme des barbares, ce qu'ils n'étaient point, ni matériellement, ni intellectuellement.

Le développement intellectuel dont l'*Avesta* est la preuve constitue un des principaux intérêts des études éraniennes. Au milieu de prescriptions parfois bizarres, au milieu d'une foule d'étranges cas de conscience, au milieu de recommandations souvent puériles, se détachent une doctrine remarquablement élevée, des dogmes d'une pureté morale admirable, une éthique enfin à laquelle on est peu habitué dans l'antiquité. La religion prêchée par Zoroastre, le *Mazdéisme*, comme on l'appelle, a sa base dans la vieille mythologie Aryenne. Les rapports entre l'Avesta et le Véda sont nombreux et considérables; on sent en étudiant ces deux livres antiques, qu'Hindous et Eraniens eurent pendant une période la même foi, la même théologie. Comment se fit la séparation religieuse des deux branches asiatiques de notre race? Nous l'ignorons. Mais il est permis de supposer que ce fut par la prédication de Zoroastre.

Originaire de Médie, dans l'Eran occidental, le saint Zarathustra s'en alla en Baktriane, à la cour du roi *Vistaçpa*, dans la patrie commune des Aryas, au centre de la religion primitive de notre race.

Là, il prêcha que tous les dieux révérés par les Eraniens étaient soumis à un esprit saint (*Çpenta mainyus*), à un *être créateur*, (*Ahura-Mazda*) qui lui avait revélé tous les préceptes qu'il venait enseigner aux hommes, et qu'*Ahura-Mazda* avait autrefois appris au premier homme, *Yima*, fils de *Vîvañhvañt*, et que le pervers *Aži-Dâhaka* fit oublier à l'humanité. Vous le voyez, Zoroastre fit alors ce que fit plus tard Moïse, se disant instruit par *Jéhovah* de la vraie religion, de celle d'Adam, ce que fit Mahomet venant faire renaître en Arabie la religion d'Abraham, oubliée par ses descendants Ismaëlites en faveur du Sabéïsme, et révélée à nouveau par l'ange Gabriel, ce que firent les réformateurs chrétiens du moyen-âge et de la renaissance en prétendant ramener l'Eglise à la pureté du christianisme primitif. Tous les réformateurs religieux ont eu les mêmes procédés, depuis Zoroastre jusqu'à nos jours ; la doctrine qu'ils prêchent est toujours la doctrine des anciens jours, pervertie tantôt par une malice surnaturelle, par le mauvais esprit (*Añhro mainyus*) Ahriman ou Satan, tantôt par la méchanceté et les vices des hommes. Mais aujourd'hui, dans notre Europe occidentale, de plus en plus soumise à la science, aujourd'hui que nous savons que l'homme est parti de bas pour arriver haut, ces prétentions, ces appels au retour vers cette fantaisie qu'on nomme une pureté primordiale, n'ont plus de succès; à l'heure où je parle, nous voyons les réformateurs traverser l'océan, et s'adresser à des peuples neufs, sur une terre nouvelle, pour fonder des sectes religieuses ou pour y constituer des schismes.

Mais si la légende Zoroastrienne de l'âge d'or sous *Yima*, n'a rien d'historique, si la doctrine Mazdéenne était toute nouvelle quand elle fut prêchée, l'œuvre du grand prophète éranien n'en fut pas moins une des plus glorieuses étapes de l'humanité. Le polythéisme antérieur fut modifié en un dualisme plus simple ; car les nombreux personnages divins ou infernaux sont tous soumis à l'un des deux membres de la Dyade Eranienne. Les bons génies, les sept *Ameṣa-Çpentas*, les *Yazatas*, sont sous les ordres du créateur *Ahura-Mazda* ; les mauvais génies, *Dævas* obéissent à *Añhro-Mainyus*, la personnification du mal. C'est dans ce camp que nous trouvons les anciens dieux de l'Italie, de la Gaule et de la Germanie, transformés en démons dans les légendes chrétiennes du moyen-âge. *Indra*, le grand dieu des hymnes du Rig, est devenu *Añdra*, un des serviteurs d'Ahriman. Voilà donc l'antériorité du Véda sur l'œuvre de Zoroastre démontrée. Or, dans la Genèse, dans la doctrine mosaïque, nous rencontrons des légendes, des faits empruntés au Zoroastrisme; ceci a été observé par les Ewald, les Lassen, les Renan. Un des grands Eranistes de notre siècle, Frédéric Spiegel, dont je suivrai sans cesse ici la méthode, a consacré à ce sujet un chapitre de son livre sur l'*Eran*, et de nombreux articles dans une grande revue de l'Allemagne « das Ausland » articles dont s'est récemment servi M. Littré, pour un travail sur : « le Mythe de l'arbre de vie et de la science du bien et du mal dans la Genèse. » On le voit, Zoroastre nous tient de plus près qu'on ne croit, puisqu'il y a de tels rapports entre ses livres et l'écriture sainte des Hébreux. Voilà donc un curieux champ de recherches à défricher.

Ce côté des études éraniennes n'est pas le seul qui doive nous séduire. Les institutions, les mœurs, la foi d'une race répandue sur un aussi vaste espace que l'Eran sont pour l'histoire de l'humanité d'un intérêt incontestable. Car il ne faut pas s'y tromper, le domaine Eranien est plus vaste qu'on ne croit. Il semble, au premier abord, que la Perse et la Médie constituent seulement ce qu'on appelle l'Eran. Il n'en est rien, ces deux contrées ne sont qu'une partie de ce grand pays. La Baktriane et la Sogdiane, si proches de l'antique berceau de notre race, si elles ne sont pas ce berceau lui-même, l'Afghanistan et le Belutchistan sur les bords de l'Océan Indien, sont aussi des terres, où pour les dernières surtout, des conquêtes Eraniennes. C'est dans la Baktriane que se parlait le Zend, la langue de l'Avesta, et aujourd'hui encore l'*Afghan* et le *Bélutchi* sont des langues reliées à ce rameau Indo-Européen. A l'ouest, à travers l'Asie-Mineure, étaient répandus des peuples parents des Perses. Depuis la rive occidentale de l'Halys, jusqu'à la mer Egée, les nations de l'Asie Mineure étaient en général alliées de langue et de mœurs entre elles et formaient le groupe Phrygien, parent également, par la langue, des Thraces Européens, à ce que nous rapportent les anciens. A l'est de l'Halys, des populations Sémitiques s'étaient établies, mais à côté d'elles vivait l'importante nation Arménienne, d'origine Aryenne et parlant un idiôme Eranien. Or, Hérodote rattache les Arméniens, aux Phrygiens, et Etienne de Bysance dit expressément que les premiers parlent la langue des seconds. D'autre part, Lassen pense pouvoir rattacher au rameau Eranien le Lycien dont nons avons tant de monuments épigraphiques. Voilà donc l'Eran qui s'étend bien plus loin que la Perse et la Médie. Au nord, l'isthme Caucasien est rempli de tribus Eraniennes qui ont dû s'étendre encore au-delà, puisque le nom du fleuve le *Don* semble, selon Spiegel, provenir du vieux baktrien *Dânu*, fleuve, par l'ossète *Don*, eau,

Que de problèmes ethnographiques, historiques, archéologique, géographiques il y a à résoudre sur ce terrain! que de travaux à faire! que de choses à apprendre! Et la voie pour arriver à ces résultats n'est autre que celle qui a été suivie jusqu'ici, c'est-à-dire l'étude des langues éraniennes. Pour bien connaitre les langues éraniennes, que faut-il faire? Savoir le Zend, le comparer au vieux Perse. C'est là la base indispensable des études sur l'Eran.

La science du Zend est une science que vous me permettrez d'appeler Française, car c'est à un Français, Anquetil-Duperron, que nous devons l'Avesta rapporté par lui de l'Inde, au prix de mille souffrances, à travers mille dangers; c'est à un Français, à l'illustre Burnouf, que nous sommes redevables de la connaissance raisonnée et scientifique du Zend, par son beau commentaire sur le Yaçna. L'Allemagne recueillit son héritage,

Westergaard, Windischmann, Mueller, Justi, Spiegel ont fait faire des pas de géants à l'étude du vieux baktrien. Mais la tradition ne s'est pas perdue en France; en 1862 M. Oppert donnait une savante interprétation de la grande prière du Mazdéïsme dans son étude sur l'*Honover, verbe sacré de Zoroastre*; et l'an dernier paraissait à Paris une « Grammaire de la langue Zende » de M. Hovelacque, qui a définitivement fait entrer le vieux baktrien dans le domaine Indo-Européen.

Les sources, les documents ne nous manquent donc pas. Avec l'excellent manuel de M. Justi, avec les grammaires de MM. Spiegel et Hovelacque, avec le beau commentaire sur l'Avesta de M. Spiegel, nous aurons des guides fidèles et habiles dans les difficultés de la langue de Zoroastre. Ne croyons pas qu'il y ait moins à faire sur le terrain Eranien que sur le terrain védique. Ecoutons plutôt ce que disait, il y a quelques mois, M. Spiegel dans la *Revue de Linguistique*:

« Ce que nous possédons à l'heure présente ne fait presque que représenter le contour d'un monument dont le parfait achèvement réclamera peut-être encore le travail d'un siècle entier. Il y aura bien des forces à faire entrer en jeu, les branches diverses de la science seront bien mises à l'œuvre, avant que le vide considérable se trouve comblé et que nous nous puissions vanter de connaître exactement la condition intellectuelle d'un des peuples les plus respectables et les plus importants de l'antiquité. »

IV

La poursuite de ces études fera découvrir tous les détails si curieux, parfois si étranges des deux civilisations védique et éranienne. On sera étonné des particularités de ces deux mouvements intellectuels où la puérilité, l'erreur coudoient sans cesse de vastes aperçus et de généreuses pensées. Il ne faudra pas en rire. Le *Véda* et l'*Avesta* sont bien vieux, et cependant un espace de temps impossible à se figurer, par sa grandeur, sépare l'époque de la rédaction de ces deux livres, des premiers pas de l'homme sur la terre, les découvertes récentes ont fait rencontrer l'homme et son industrie dans des périodes où on était habitué à voir des animaux bizarres errer sur des continents tout différents de ceux d'aujourd'hui. Oui, il est acquis à la science que l'homme eût à lutter contre ces éléphants gigantesques qu'on retrouve quelquefois entiers et gelés, dans la Sibérie; on sait qu'en ces contrées, sur l'emplacement même de Paris, l'homme chassait l'hippopotame et le rhinocéros, on sait qu'il y disputait à l'ours, au tigre, les rennes, les aurochs, les daims, les cerfs aux grandes cornes, dont d'immenses troupeaux paissaient sur les bords de la Seine. Qu'était-il alors, ce prétendu roi de la création? C'était un être faible, chétif, peureux devant la nature, farouche devant la necessité marâtre qui l'opprimait de toutes parts. Nu contre le froid, mal armé contre la bête fauve, mal conformé pour la lutte d'astuce avec son crâne épais, l'homme d'alors, qu'il vécut en Europe ou dans l'Asie centrale, notre ancêtre est loin de cet être fier, intélligent, noble et fort que les mythes aryaques et sémitiques, nous présentent comme uue incarnation ou une image de la divinité. Loin de soumettre toutes les créatures à ses lois, l'homme est en proie à une faim qu'il a bien de la peine à assouvir, à un froid qu'il combat difficilement; l'homme est poursuivi par des carnassiers féroces, par des monstres énormes qu'il combat faiblement avec des caillous et des armes de bois, qu'il évite en se cachant dans des cavernes, ou en bâtissant sa cabane au milieu de l'eau ; l'homme est plus faible que les gigantesques pachydermes, que les grands ruminants dont il veut faire sa nourriture.

Aussi, quand nous étudions les monuments des plus anciennes sociétés, toutes les erreurs s'atténuent les puérilités s'effacent ; il ne reste plus que l'admiration pour des œuvres qui ont demandé tant de siècles de travail à l'humanité. Combien le Véda et l'Avesta sont-ils éloignés des âges primitifs de luttes et de souffrances !

C'est un beau spectacle que ce progrès incessant de l'humanité gravissant les innombrables degrés de son développement. Au lieu d'être humiliés de notre humble origine, nous avons lieu d'être fiers de nous en mesurant le chemin parcouru ; un juste orgueil enfle nos poitrines en nous rappelant nos pères, écrasés par la fatalité, et en constatant aujourd'hui notre victoire ; il est beau et curieux en même temps de compter nos succès, de peser les efforts de nos prédécesseurs. L'histoire, qui nous apprend ces choses, nous donne foi en nous même, nous ouvre une carrière infinie, nous donne confiance dans l'avenir. Nous avons été sous l'aiguillon de la nécessité; nous sommes, nous serons les fils de nos œuvres.

L'homme, apparaissant sur la terre armé de toutes ses forces, comme nous le montrent les vieilles croyances, me fait l'effet d'un fils de famille à qui tous les biens sont en partage, qui ne s'est donné que la peine de naître.

L'homme réel, parti de l'animalité et de la misère et arrivé à l'état actuel, à ce développement admirable, qui ne fera que s'augmenter, peut paraître un parvenu. Mais ce parvenu, c'est un parvenu par la science et le travail, c'est le parvenu de la civilisation.

Senlis.—Typ. Ch. Duriez.—Le Gallais et comp., successeurs.